PÉTALOS

PETALS

El Aroma de la Luz

The Scent of Light

por/by

Bárbara C. Brose

Bárbara C. Brose
www.barbarabrose.com

Karin Weller
Portada - Cover Design
www.nuevosvitrales.com

Derechos de Autor 2018
Copyright © 2018

ISBN: 1512227854
ISBN-13: 978 - 1512227857

El Aroma de la Luz

The Scent of Light

PÉTALOS

PETALS

Para mi familia

To my family

Acknowledgements

I would like to thank my parents Helen and Paul Brose for their love and support and for revising and editing the English version. Vista Publications (my mother's publishing company) for her interest in publishing it initially and for giving me wings. My sister Annie for her expertise in reviewing the first translation and her great work in doing the initial format. Andy of 'tudomain' for his initiative and awesome work in finalizing the format. My good friend Karin Weller for her vision and the beautiful book cover.

I would also like to thank everyone who has crossed my path and who has given me support as a person and a writer throughout time. For your love, your inspiration, your words, guidance and valuable support. Many, many thanks.

Agradecimientos

Quisiera darle las gracias a mis papás Helen y Pablo Brose por su amor y su apoyo, por revisar y editar la versión en inglés. A Publicaciones Vista (propiedad de mi mamá) por su interés en publicarlo inicialmente y darme las alas. A mi hermana Annie por su profesionalismo en revisar la primera traducción y su gran labor por crear el formato inicial. A Andy de 'tudomain' por su increíble trabajo e iniciativa en finalizar el formato. A mi buena amiga Karin Weller por su visión y la preciosa portada.

También quisiera agradecer a todas las personas que se han cruzado en mi camino y quienes siempre me han apoyado como persona y como escritora a lo largo del tiempo. Por su amor, su inspiración, sus palabras, su guía y su valioso apoyo. Mil gracias.

Introduction

This book was born from the desire to share with the world how incredible it is to live in freedom and within the magic of life. Life is filled with magic every day. Many of us are born to believe that we live in a world filled with limitations when this is not true at all.

We are free beings gifted with so much inner Light, created in the image and the likeness of the Spirit of God, each and every one of us without exception. It is through the little knowledge I have gained through precious, magnificent and extrasensory experiences that I have had and lived within Him that I have gathered these messages and thoughts of openness, freedom and light, that I wish to transfer and transmit to you through this book. Some were written since 1985.

I am of the firm belief that we are entering a new world, freer, more open and a lot lighter. I have the hope in my heart that one by one, day by day, we will all be able to awaken to the truth of who we really are in the truth of all truths. And it is then and only then that Humanity will reach what it has been wanting to reach throughout millenniums of existence.

This book can be read page by page or perhaps if at any given moment you have an inquiry in your life about something, you can open it at any given page and see what guidance or idea it may offer you in that moment.

Thank you for reading it and enjoying it. I share it with you from the deepest part of my being with all the love and light my soul has to offer.

Warmly,

Bárbara C. Brose

Introducción

Este libro nació del deseo de querer comunicarle al mundo lo increíble que es vivir en libertad y dentro de la magia de la vida. La vida está llena de magia todos los días. Hemos sido a creer que el mundo está lleno de limitaciones cuando esta no es la verdad.

Somos seres libres, super dotados de mucha luz, creados a la semejanza del Espíritu de Dios, todos por igual, sin excepción. Y es bajo el poco conocimiento y las experiencias preciadas, extrasensoriales, maravillosas y magníficas que he tenido y vivido dentro de Él que he recopilado estos mensajes y pensamientos de apertura, libertad y luz que espero transferirles y transmitirles en este libro. Algunos escritos provienen desde 1985.

Soy del pensar que estamos entrando a un mundo nuevo, más libre, más abierto y más liviano. Tengo la esperanza en mi corazón que uno a uno, día a día lograremos despertar a la verdad de quienes somos en la verdad, en la verdadera verdad. Es entonces y solo entonces cuando la Humanidad llegará a donde ha querido llegar tras tantos milenios de existencia.

Este libro se puede leer página por página o quizás en algún momento que tuvieran alguna inquietud en sus vidas abrirlo en determinado lugar y ver qué guía o idea les pudiera dar en ese instante.

Gracias por leerlo y disfrutarlo. Se los comparto desde lo más profundo de mi alma con todo lo que de mi luz y mi amor les pudiera brindar.

Cariñosamente,

Bárbara C. Brose

Rhythm Yourself To Life

Arítmate a la Vida

SÉ LIBRE

BECOME FREE

SIENDO LIBRE

BECOMING FREE

I

Look at that star!
How it swings in my mind!
How it swings!

II

Life is art!
That is all there is to it!

III

Seek not that which has not been found
but find that which has not been sought

IV

Rise above and look beyond

V

Let love transform your need
to remain unhappy

I

¡Mira esa estrella!
¡Cómo se columpia en mi mente!
¡Cómo se columpia!

II

¡La vida es arte!
¡No hay vuelta de hoja!

III

No hay que buscar lo no encontrado
sino encontrar lo no buscado

IV

Elévate, surge alto y mira más allá

V

Deja que el amor transforme
el afán de mantenerte miserable

VI

It's so simple
yet in a complex mind
it's not so simple

VII

The things of this world are so small
while the things of Spirit are so extraordinary

VIII

Any thought that does not allow you to be free
is not a loving thought

IX

Astral travel journeys you
into higher dimensions

X

Seek only heaven
for heaven seeks only you

VI

Es tan simple
pero en una mente compleja
no es tan simple

VII

Las cosas de este mundo son tan pequeñas
mientras que las cosas del Espíritu son extraordinarias

VIII

Cualquier pensamiento que no te deja ser libre
no es un pensamiento amoroso

IX

Un viaje astral te
desplaza a otra dimensión

X

Busca solo el cielo
ya que el cielo sólo busca de ti

XI

You are free to choose your journey
no one is responsible of your destiny

XII

Celebrate this day as the last day of your life
Celebrate tomorrow as the first day ever

XIII

The light of the full blue moon
shines vastly
over the silvery meadows of all the planet
I will surely drink of that light
until I quench the thirst of my soul

XIV

Don't be driven by fear
be embraced by love

XI

Eres libre de escoger tu camino
nadie es responsable de tu destino

XII

Celebra el día de hoy como si fuese el último
Celebra el día de mañana como si fuese el primero

XIII

La luz de la luna llena azul
brilla inmensamente
sobre las praderas plateadas del planeta
con certeza beberé de esa luz
hasta saciar la sed de mi alma

XIV

No dejes que el temor te maneje
deja que el amor te plasme

XV

I ask God to allow me to manifest
that which has never been manifested

XVI

Sometimes when it rains, it pours
yet in the pouring of this rain
old patterns are washed away
and the new seed can germinate
so that deeply rooted inner gifts
can resuscitate

XVII

Seeking human forgiveness
is the greatest pain there is
finding forgiveness in Spirit
is the only Truth that exists

XV

Le pido a Dios que me permita manifestar
lo aún no manifestado

XVI

A veces cuando llueve, llueve a cántaros
pero en esos aguaceros
patrones viejos son lavados
y la nueva semilla podrá germinar
para que dones profundamente arraigados
resuciten

XVII

Buscar el perdón humano
es el dolor más grande que hay
encontrar el perdón dentro del "Espíritu"
es la única verdad que existe

XVIII

The evolvement begins
when that petal
so comfortably stuck
in the center of certainty
falls to break
and opens its heart to eternity

XIX

Clear your mind
let the Light in
let it take you
to the unseen worlds
of God's mansions

XX

In the time you say
the time is near
so near a time
I can only say
there is no "time"

XVIII

La apertura comienza
cuando ese pétalo
tan cómodamente arraigado
en el centro de la certeza
cae y se parte
para abrir su corazón hacia la eternidad

XIX

Aclara tu mente
deja que entre la luz
deja que te lleve
a las mansiones
más ocultas de Dios

XX

En el tiempo que dices
el tiempo se acerca
tan cercano el tiempo
solo puedo decir
el "tiempo" no existe

XXI

As long as there are human beings
there will be a sense of separation
As long as Spirit sustains us
there is the reassurance to return to unity

XXII

The path to Awakening
is the most amazing path there is
it is the only path worth traveling to

XXIII

All is written
on the palm of God's hand
without a single sin
without a single forgiveness
just as it was in the beginning
so it will be in the end

XXI

Siempre que hayan humanos
existirá "la Separación"
mientras nos sostenga el Espíritu de Dios
habrá la certeza de retornar a la unidad

XXII

El camino hacia el despertar
es la aventura más fantástica que existe
es el sendero más valioso que pudiera haber

XXIII

Todo está escrito
en la palma de la mano de Dios
sin un solo pecado
sin un solo perdón
tal como fue al principio
será en el final

XXIV

Assumptions can only bring disharmony
communication always brings forth harmony
May harmony be your bliss

XXV

Thank you blessed Light for lighting the candle
of the inner darkness of my loneliness

XXVI

Letting go of suffering is one thing
dropping the masks is another thing
but to love intensely
as the 'Truth' has shown us
that is something else

XXVII

He who knows how to wait
knows how to get there

XXIV

Las presunciones traen desarmonía
mientras que la comunicación trae armonía
que la armonía sea tu esplendor

XXV

Gracias Luz Divina por encender la vela
en el centro de la oscuridad de mi soledad

XXVI

Dejar el sufrimiento es una cosa
dejar caer las máscaras es una cosa
pero amar intensamente
como la 'Verdad' se nos ha dado
eso es otra cosa

XXVII

El que sabe esperar
sabe llegar

XXVIII

Embrace this moment
feel it, accept it
and transform it
into a beautiful butterfly

XXIX

Bring the best from above, below
and the best from below, above

XXX

Hunt the treasures of your heart
they are there to guide you back to heaven´s gate

XXXI

As I was falling into the well of life
I found a star that painted itself
on a canvas of my mind
awakening me
to a sacred and solid hope

XXVIII

Abraza este momento
siéntelo, acéptalo y
transfórmalo
en una bella mariposa

XXIX

Trae lo mejor de arriba hacia abajo
y lo mejor de abajo hacia arriba

XXX

Caza los tesoros de tu corazón
están ahí para guiarte al portal del cielo

XXXI

Cayendo dentro del pozo de la vida
encontré a una estrella que se pintó
en el lienzo de mi mente
despertando en mí
una sagrada y sonata esperanza

XXXII

Life is not to be taken seriously
it is to be flown freely

XXXIII

The drop that spreads
and melts the mind
is the same drop
that spreads
and melts the heart
when both
hold each other
and offer themselves
to the will of God

XXXIV

I awoke this morning loving the laws
human laws as well as spiritual laws
the balance, the fall and the resurrection

XXXII

No hay que tomar la vida seriamente
ha de volarse libremente

XXXIII

La gota que derrama
y derrite la mente
es la misma gota
que derrama
y derrite el corazón
cuando ambos
se sujetan y
se entregan
a la voluntad de Dios

XXXIV

Hoy amanecí amando las leyes
tanto humanas como espirituales
el balance, la caída y la resurrección

XXXV

Father God, You are
You really are
You are
therefore
I am
I am that I am
I really am

XXXVI

Every boat reaches its shore
when the tide propels it

XXXVII

Light, there is so much light
drink it up and feel it
overflow your heart
It is the master of the master's cup
fill it up, master it, spread it

XXXV

Dios Padre, Tú eres
Tú realmente eres
Tú eres
por lo tanto
yo soy
yo soy lo que soy
yo realmente soy

XXXVI

Todo barco llega a su muelle
cuando la marea lo precisa

XXXVII

Luz, hay tanta Luz
bebedla, sentidla
desbordarse en vuestro corazón
es la copa del maestro de maestros
llenadla, amaestradla, esparcidla

XXXVIII

In the cradling of our hearts
rests an incredible thought
our birth, our light
the end of death
and the beginning
of a whole new life

XXXIX

Happiness is not about
being up and positive all the time
it is about embracing what is
feeling it through

Peace in the knowingness
that happiness is all there truly is
smiling because you know
that 'Life' doesn't have you
but that you have 'Life'
and that is a celebration

XXXVIII

En el mecer de nuestros corazones
reposa un pensamiento increíble
nuestro nacimiento, nuestra luz
el fin de la muerte
y el comienzo
de toda una nueva vida

XXXIX

La felicidad no se trata
de ser positivo todo el tiempo
se trata de abrazar lo que es
sentirlo y atravesarlo

Paz en la certeza de que
la felicidad es lo único que hay
sonreír porque tienes el conocimiento
de que la 'Vida' no te tiene a ti
sino que tu tienes 'Vida'
y eso es una celebración

XL

Sparkle

In the cosmic laws
there is no star so big
nor sparkle so distant
that it cannot be reached
through the heart

The heart filled with pure love
reaches the deepest mysteries
of the labyrinth of evolution
transcends them and grows
extending itself
like a soft silk blanket
over all of Humanity

XLI

God does not judge you
He does not punish you
nor points the finger at you
He knows no fear, anger,
vengeance, errors or mistakes
He sees only the light in you
He knows only Love

XL

Destello

En las leyes del cosmos
no hay estrella tan grande
ni destello tan distante
que no se pueda alcanzar
con el corazón

El corazón lleno de amor puro
alcanza los misterios más profundos
del laberinto de la evolución
los traspasa y crece
desplazándose
como un manto
sobre toda la humanidad

XLI

Dios no te juzga
no te castiga
ni te señala
no conoce el temor, la ira,
la venganza, errores o pecados
Él sólo ve la luz en ti
Él sólo conoce el amor

XLII

One must not judge
with the thoughts of mankind
one must judge
with the thoughts of God
and His thoughts have no judgement

XLIII

When true love arrives
it tumbles and dissolves everything
absolutely everything

Aiming to rebuild itself
in its real and solid base
to stand, flourish and vibrate
higher than it ever has before

XLII

No hay que juzgar
con el pensamiento humano
sino que hay que juzgar
con el pensamiento de Dios
y Su pensamiento no tiene juicio

XLIII

Cuando llega el verdadero amor
derrumba y lo transforma
todo, absolutamente todo

para luego reconstruirse
en su sólida y verdadera base
para erguirse, florecer y vibrar
más altamente que nunca

XLIV

Yearning for Thee
a wave, a power,
a place beyond
the calmest sea
an awakening to depart
into Thine sacred embrace

XLIV

Anhelando por Vosotros
una ola, un poder,
un lugar más distante, más allá
el más sereno de los mares
un despertar para partir
hacia Su abrazo más sagrado

II

DESTELLOS DE LUZ

SPARKLES of LIGHT

El Aroma de la Paz

The Scent of Peace

I

Today is the first day of your life
Open up to receive it's goodness

II

Keep your light shining
especially in those dark places
within you, they will fade away

III

Allow that love, that passion
in the fire of your heart flame high
to love and illuminate all of Humanity

IV

Today try to remember that thought
that God planted in your heart
when you were born as a soul

I

Hoy es el primer día de tu vida
Ábrete a recibir todo lo bueno que te traiga

II

Mantén tu luz brillando
especialmente en las partes más oscuras
de tu ser, verás como se desvanecen

III

Deja que ese amor, esa pasión
de fuego en tu corazón arda fuertemente
para amar e iluminar a toda la Humanidad

IV

Hoy trata de recordar ese pensamiento
que Dios sembró en tu corazón
cuando naciste como alma

V

Discover the magic in you
use it wisely
bewitch yourself
and embark into a love
you have never known before

VI

Focus on what you want and aim for it

VII

There is no doubt that
Divinity definitely exists in this world

VIII

Spread kindness

Be kind to yourself and kind to others
an act of kindness goes a long way

V

Descubre la magia en ti
úsala sabiamente
hechízate y
lánzate a amar
como jamás lo hubieras imaginado

VI

Enfócate en lo que deseas, apunta y aspira a ello

VII

No cabe duda que la Divinidad
definitivamente existe en este mundo

VIII

Dispersa generosidad

Sé generoso contigo mismo y con los demás
un acto de generosidad puede llegar muy lejos

IX

Appreciate yourself and life today
tell someone how much you appreciate them
appreciation is a gift that is nice
to share with one another

X

Trust, trust yourself
trust in that inner power
that lies within your heart
that inner radiance and follow it

XI

We are all mirrors of each other
so let us not forget to love one another

IX

Apréciate a ti mismo y a la vida
dile a ese alguien cuánto lo aprecias
la apreciación es un don hermoso
que ha de compartirse constantemente

X

Confía, confía en ti mismo
confía en ese poder interno
que está dentro de tu corazón
ese resplandor interior y sigue su guía

XI

Somos espejos los unos de los otros
no dejemos de amarnos los unos a los otros

XII

If there is a door
closing in your life
give thanks to God

There is nothing worse
than staying in a stale room

Let life open a new door for you
there is much to be discovered
walk, keep walking and leave
that shut door completely behind

XIII

When you fall,
remember to surrender
release it
let God lift you up

Don't try to figure it out
rest, trust, let go
Good is on its way
I promise

XII

Si hay una puerta
que se está cerrando en tu vida
dale gracias a Dios

No hay nada peor
que estar en un cuarto estéril

Deja que la vida te abra una nueva puerta
hay tanto por descubrir
camina, sigue caminando y deja
esa puerta completamente cerrada

XIII

Cuando caes,
recuerda de soltarlo
entrégalo
permite que Dios te levante

no trates de entenderlo
descansa, confía, déjalo ir
el bien está por llegar
te lo prometo

XIV

Breathe… breathe again
breathe once more
You can always start your day
over and over and over again
you can create a better day
in this instant
so breathe and start over

XV

Love is a brush stroke
emerging from one heart
to caress the heart of another

XVI

Let us be grateful for all the changes taking place
they are happening for the awakening humanity

XIV

Respira… respira de nuevo
respira nuevamente
Siempre puedes comenzar tu día,
una y otra, una y otra vez
puedes crear un día mejor
en este instante
así que respira y empieza de nuevo

XV

El amor es una pincelada
que sale de un corazón
para pincelar el corazón del otro

XVI

Agradezcamos los cambios que se están dando
están sucediendo para el despertar de la humanidad

XVII

Let us love our planet earth
that offers us so many
incredible experiences and beauty
Let us treat her with deep love
gratitude and respect

XVIII

Keep your vision up in the skies
keep your feet touching the ground
allowing the light to flow
from above and from below
to unite in the center of your soul

XIX

True miracles happen when
you let God open the door for you

XVII

Démosle honor a nuestro planeta
que nos brinda tantas
experiencias increíbles y tanta belleza
tratémosla con profundo amor
agradecimiento y respeto

XVIII

Mantén tu mirada en los cielos
mantén tus pies en contacto con la tierra
dejando que esa luz fluya
desde arriba y desde abajo
para unirse en el centro de tu alma

XIX

Los verdaderos milagros suceden
cuando dejas que Dios te abra la puerta

XX

Open to receive with gratitude the gifts
that life offers you today, then more will come

XXI

Tear the pages of your life
that are no longer useful to you
write a whole new chapter full of hope
for a new more fulfilling life

XXII

May the light not frighten nor surprise Thee
may it help to awaken
and expand Thine hearts
that Ye may know a much deeper way
of loving, living and being

XXIII

Follow the path towards your illumination
your evolution, your elevation, your "Ascension"

XX

Ábrete a recibir con gratitud los regalos
que la vida te ofrece luego vendrán más

XXI

Arranca las páginas de tu vida
que ya no te sean útiles
escribe un capítulo nuevo lleno de esperanza
para lograr una nueva vida aún más gratificante

XXII

Que la Luz no os sorprenda ni os asuste
sino más bien os ayude a despertar
y a agrandar vuestros corazones
para que logréis conocer una manera
más profunda de amar, de vivir, de existir

XXIII

Sigue el camino hacia tu iluminación,
tu evolución, tu elevación, tu "Ascenso"

XXIV

It does not matter which error
you feel is irreparable
in the deepest darkness there is the Light

willing to guide you out of the darkness
when you are ready for it
just open a window
and it will lead you back to peace

XXV

If you open up
others will open up

XXVI

You don't need wings to be an angel

XXVII

Be free, choose freedom
in your heart and in your mind
every moment, every time

XXIV

No importa cual haya sido ese error
que sientes que sea irremediable
en la más profunda oscuridad existe la "Luz"

dispuesta a guiarte a salir de la oscuridad
cuando estés dispuesto a salir de allí
sólo abre una ventana
y te retornará hacia tu paz

XXV

Si abres tu corazón
otros te abrirán el suyo

XXVI

No se necesitan alas para ser un ángel

XXVII

Sé libre, escoge la libertad
en tu mente y en tu corazón
en cada momento y a cada instante

XXVIII

Guilt never gave anything to anyone
took anyone anywhere
except to misery and suffering
and that form of thinking will vanish
from this plane of existence

so why invest your time and energy
in something that will lead you nowhere

XXIX

Meditation is not about
entering into higher states of consciousness
to leave this "hard and difficult" world

It is about reaching
those higher states of light and peace
to bring back heaven unto earth

XXVIII

La culpa nunca le dio nada a nadie
llevó a nadie a ninguna parte
más que hacia el dolor y el sufrimiento
y ese pensar será eliminado
de este plano existencial completamente

así que para qué malgastar el tiempo y el dolor
en algo que no nos lleva a nada

XXIX

La meditación no se trata
de entrar a niveles más altos y profundos
para salirse de este mundo "árduo y difícil "

se trata de llegar a esos
estados altos de paz y luz
para plasmar el cielo en la tierra

XXX

Mend your mind
back to wholeness
forgive yourself
Let God do the rest

XXXI

It was at the peak of my insanity
that I found my path to enlightenment

XXXII

God rewards you
God always rewards you

XXXIII

Let there be light in everything you do

XXX

Enmienda tu mente
a su entereza
perdónate
deja que Dios haga el resto

XXXI

Fue en el extremo de mi locura
donde encontré mi camino a la iluminación

XXXII

Dios te premia
Dios siempre te premia

XXXIII

Que haya luz en todo lo que hagas

III

Un Portal Hacia la Luz

A Portal Towards the Light

El Aroma del Espíritu

The Scent of Spirit

Open My Heart God

Open my heart God
even if its rivers
have to flow
into the desert
of uncertainty

Open my heart God
even if its strongest images
have to emerge
to be exposed to the sun

Open my heart God
even if the depth
of eons of lifetimes
needs to rise to the surface
to meet you face to face
that I may become
your heart of hearts

Dios Abre Mi Corazón

Dios abre mi corazón
aunque sus ríos
tengan que recorrer
por el desierto
de la incertidumbre

Dios abre mi corazón
aunque sus imágenes fuertes
tengan que salir
a exponerse al sol

Dios abre mi corazón
aún si las profundidades
de eones de vidas pasadas
debieran surgir a la superficie
para afrontarte cara a cara
para convertirme
en tu corazón de corazones

Oh Glory to the Light

Oh Glory to the Light of the Sun
and the Light that shines
behind the Sun

Oh Glory to him
who finds the Sun
the one placed
within the Self
within the heart
within the soul
which also expresses
and expands itself in the 'Heavens'

Oh Glory to he
who knows the sun
the laws that created the sun

the laws that created the light
that exists behind the sun
for he shall have
the universe in his hands

Oh glory of glories in excelsis of God

Gloria a la Luz

Oh Gloria a la Luz del Sol
y la Luz que se encuentra
detrás del Sol

Oh Gloria a aquel
quien encuentre al Sol
ese que está posado
dentro del Ser
dentro del corazón
dentro del alma
que a su vez se expresa
y se expande en los cielos

Oh Gloria a aquel
que conozca el sol
las leyes que crearon al sol

las leyes que crearon la Luz
que existe detrás del Sol
pues obtendrá
el Universo en sus manos

Oh Gloria de glorias en exceso de Dios

Silence

And remember...
it is in the silence...
where the sounds vibrate and speak
but one must listen...
not for words nor understanding
just...   listen...

For the language of the soul has no words
and the language of God that has no sounds
other than whispers in waves
murmuring and unfolding the soul
like the lotus flower opening at daylight
and closes in the night

Silencio

Y recuerda…
es en el silencio
donde los sonidos vibran y hablan
pero uno debe escuchar…
no a las palabras o al entendimiento
solo…   escuchar…

Pues el lenguaje del alma no tiene palabras
y el language de Dios no tiene sonidos
más que olas de susurros
que murmuran y desenvuelven al alma
como la flor de loto abriéndose a la luz del día
y cerrando sus pétalos al anochecer

Many Paths

So many minds
so many ideas
so many paths
so many people
teaching here and there
the good from the bad
the right from the wrong
the truth from the false

Yet remember
only your soul knows
how to arrive
to the center of the truth

Tantos Caminos

Tantas mentes
tantas ideas
tantos caminos
tantas personas
enseñando aquí y allá
lo bueno de lo malo
lo diestro de lo siniestro
lo verdadero de lo falso

Sin embargo, recuerda
solo tu alma sabe
cómo llegar
al centro de la verdad

Whispers

If one soul is listening
to the whispers of your heart
that is all it takes to reawaken
if not ten nor twenty
just one is enough
in the kingdom of Heaven

Remember…
        that one…
                is you…
                        is me…

Is everyone
        every… single… one…

So whisper from your heart
that one soul may listen
one soul
that is all it takes
to reopen the gate

Susurros del Alma

Si solo hay un alma escuchando
los susurros de tu corazón
es lo que se conlleva para despertar
si no diez ni veinte
solo uno es suficiente
en el reino de los cielos

Recuerda…
      ese uno…
            eres tu…
                  soy yo…

Es cada ser
           cada… cada… ser…

Así que susurra desde tu corazón
para que un alma escuche
un alma
ese todo lo que se conlleva
para reabrir el umbral

The Sun I

The sun falls upon my life
illuminating my being
I see myself naked
before his eyes
filled with forgiveness

His pure gaze cleanses me
from all my sins
eliminating that word
from my existence

He sees me in such a way
that any hurtful thoughts
disappear
never to return

inviting me to walk
through the valley
of his sacred mansions
filled with color, grace and love

white doves, white roses

El Sol I

El Sol cae sobre mi vida
alumbrando a todo mi ser
me veo desnuda
ante sus ojos
llenos de perdón

Su mirada pura me limpia
de todo pecado
eliminando esa palabra
de mi existir

Me mira de tal manera
que todo pensamiento de dolor
se esfuma
para no retornar jamás

me invita a recorrer
los valles de
sus mansiones benditas
llenas de color, gracia y amor

palomas blancas, rosas blancas

white extended wings
in full extended freedom

The sun falls upon my life
shining upon my entire being
feeling myself naked
before his eyes filled with pleasure

alas blancas extendidas
en plena libertad

El sol cae sobre mi vida
alumbrando a todo mi ser
Sintiéndome desnuda
ante sus ojos llenos de placer

Specific Moment

Flowers caress the story of a man
who was mending his life
He found a key
that unleashes joy
'the moment'

just that
'the moment'

An accumulation of events
building up moment by moment
to explode in that precise moment

He realized that he was
living in the past and future
one foot back, the other one forward
split exactly in the middle

"The Separation"

Until he found the truth
of living in the moment

Ese Momento

Flores acarician la historia de un hombre
que se encontraba descifrando su vida
encontró la llave
que desencadenaba la felicidad
'el momento'

Únicamente eso
'el momento'

Una serie de eventos que
se forman momento a momento
para estallar en ese preciso momento

Se dio cuenta que estaba viviendo
entre el pasado y el futuro
un pie detrás y otro delante
partido exactamente a la mitad

"La Separación"

Hasta que encontró la verdad
de vivir el momento

Just that
'the moment'
accumulating moment by moment
to burst into ecstatic joy
in that exact and specific moment

both feet placed in the center
of this exact and precise moment
the unification
"the Ascension"
the maximum elevation

Únicamente eso
'el momento'
acumulando momento a momento
hasta estallar de alegría
en ese exacto y dado momento

Los dos pies puestos justo
en el centro del momento
la unificación
"el Ascenso"
la máxima elevación

Shadows

God, it has caused me pain
to have allowed
my shadows to guide my path
thunder, storm and lightning
to be my sword and torch
allowed the blood of my heart
to flow through rivers that are not so

Nevertheless, in You I learned
that my shadows turned
into laurels of light
the thunder, storm and lightning
into my solid strength
and the deviations of my heart
the gate out of this hell

Sombras

Dios qué dolor me ha causado
haber permitido
que mis sombras guiaran mi camino
que la tempestad, el trueno y la lluvia
fueran mi escudo y espada
que la sangre de mi corazón
corriera por ríos que no son

Aún así, en Ti aprendí
que mis sombras se formaron
en laureles de luces
la tempestad, el trueno y la lluvia
en mi fuerza solemne
y los desvíos de mi corazón
la puerta para salir de este infierno

Dolphins Be with Me

Dolphins be with me
for all my life… always
Angels be with me
for all my life… always

Always in the light
always with the dolphins
always with the magic of life
always

Always in the light
of the light
from the light
to the light
breathing in the light

exhaling the light
swimming in the light
smelling the light
drinking the light
becoming
'the Light'

Delfines Conmigo

Delfines estén conmigo
para toda la vida… siempre
Ángeles estén conmigo
para toda la vida… siempre

Siempre en la luz
siempre con los delfines
siempre con la magia de la vida
siempre

Siempre en la luz
de la luz
desde la luz
hacia la luz
inhalando la luz

exhalando la luz
nadando en la luz
oliendo la luz
bebiendo la luz
convirtiéndome en
'la Luz'

Light Befalls Man

Light descends upon man
yet man does not want to listen

He remains in his darkness
holding on to his perpetual chain
keeping his mind
raptured by false ideas
captured by limiting thoughts
holding unto fear

The time has come
for man to awaken

The light insists in entering his mind
like never before
calling him to leave his old ways
that have sustained him
calling him to remind him

that love is his inheritance
that miracles are his gifts
that the universe is in his hands
to create the most divine
the most desired

La Luz Desciende al Hombre

La Luz desciende al hombre
más el hombre no quiere escuchar

Se mantiene en la oscuridad
aferrado a su cadena perpetua
manteniendo su mente
arrebatada de ideas erróneas
encerrada en limitaciones
aferrándose al temor

Ha llegado el momento
en que el hombre despierte

La luz insiste más que nunca
en penetrar en su mente
llamándolo a salir de ese pensar
en que se ha sometido
llamándolo para recordarle

que el amor es su herencia
que los milagros son su don
que el universo está en sus manos
para crear lo más divino
lo más deseado

Come out of that mental blueprint
out of that eternal loneliness
out of the ceaseless judgement

Listen to freedom
to eternal love
to that sacred melody
delightful elixir of the soul
colored by streaks of gold
Smile for having placed
your energies in an empty nest

Raise your vision
raise your heart
open up to receive this Divine light

and many will be the gifts
that will descend upon man

Hay que salir de esa huella mental
de esa soledad tan larga
de ese juicio sin cesar

Hay que escuchar a la libertad
al amor eterno
a esa melodía sagrada
manjar deleitoso del alma
decorado de pinceladas doradas
Sonríe por haber puesto
las energías en un cesto vacío

Alza la mirada
eleva tu corazón
ábrete a recibir esa luz Divina

y muchos serán los regalos
que vendrán al hombre

Almighty Father God

All merciful powerful Father
light up my path
illuminate my thoughts
saturated with past memories

Cleanse my mind with Your light
wash my heart with Your hands
kiss my forehead with Your forgiveness

I am sorry to have believed
that punishment was my deserve
suffering my torch
abandonment my hymn
sorry for the pain I have caused
and that which was caused upon me

You're the only one who listened
to my heart when it was barely beating
listened to my tears
to my profound solitude

Todo Poderoso Padre

Todo misericordioso y poderoso Padre
aliviana mi camino
ilumina mis pensamientos
saturados con pensamientos del pasado

Limpia mi mente con Tu Luz
lava mi corazón con Tus manos
besa mi frente con Tu perdón

Me arrepiento de haber creído
que el castigo es mi merecimiento
el sufrimiento mi antorcha
el abandono mi himno
arrepentido del dolor que he causado
y de aquel que me fuese causado

Tú eres el único que escuchaba
a mi corazón cuando apenas palpitaba
escuchaste mis lágrimas
a mi profunda soledad

I have come to give You my pain
to offer You my suffering
that you may relieve it
by erasing all of its past

Allow me to vibrate in Your love
for Your love
is what I have always sought
allow me to see through Your eyes
for Your vision has no judgment
allow me to embrace my brothers
the way you have embraced me
forgiven me and re guided me
into a new way of life

Vengo a entregarte mi dolor
a entregarte mi sufrimiento
para que lo alivianes
borrándole todo el pasado

Déjame vibrar en Tu Amor
ya que Tu Amor es
lo que siempre he buscado
déjame ver a través de tus ojos
pues tu mirada no tiene juicio
déjame abrazar a mis hermanos
cómo Tú me has abrazado
perdonado y lanzado
hacia una nueva vida

The Light Can do More

If you find yourself distressed
without a path
having lost a job
a relationship or your health
Remember 'the Light' can do more

If you closed yourself into the darkness
of your mind without the desire to come out
without the effort to want to change
Remember 'the Light' can do more

If you've hated without being able to forgive
for days, months, years or
perhaps eons of lifetimes
Remember 'the Light' can do more

'The Light' can do more
because it resides in your heart
it is where you came from
where you were born, grew
and from where your soul
is evolving to return to Spirit

La Luz Puede Más

Si te encuentras abatido
sin rumbo fijo
habiendo perdido un empleo
una relación o la salud
Recuerda 'la Luz' puede más

Si te encerraste en las tinieblas
de tu mente sin deseos de salir
sin el mínimo esfuerzo de cambiar
Recuerda 'la Luz' puede más

Si odiaste sin poder perdonar
por días, meses, años o
eones de vidas
Recuerda 'la Luz' puede más

'La Luz' puede más
porque está en tu corazón
Es de donde llegaste
en donde naciste,
creciste y evoluciona
tu alma para retornar al Espíritu

To be reborn in Him
to raise you up to the highest levels
of divine existence
to awaken into your sacredness

If you feel this is not possible
due to the paths
you have chosen in this lifetime
Remember 'the Light' can do more
'The Light' will always be able to do more

Para renacer en Él
elevarte a los niveles más altos
de la existencia divina
y despertar a lo más sagrado

Si crees que esto no te sea posible
por cualquiera que haya sido
tu trayectoria en esta vida
Recuerda 'la Luz' puede más
'La Luz' siempre podrá más

Memories of Sor Juana Inés

We are souls
we'll be souls
as souls
we will triumph

We will place a crystal in the center
of man's nightmares

to alleviate him
to enlighten him
to awaken him
that he may get up and rise

We are souls
we'll be souls
and as souls
we will always triumph

Recuerdos de Sor Juana Inés

Almas somos
Almas seremos
como almas
venceremos

Colocaremos un cristal en el centro
de las pesadillas del hombre

para alivianarlo
para iluminarlo
para despertarlo
para que se levante y se alce

Almas somos
Almas seremos
y como almas
siempre venceremos

IV

Pétalos de Amor

Petals of Love

El Aroma del Amor

The Scent of Love

I

You are a rose in my heart
the sunshine in my mind
the breath of my soul

II

You are a flower that crossed my path
when I was unable to hold it, love it and caress it

III

Because I found the eyes of your soul
in the center of my heart
is that I love you with all that is in me

IV

Because I loved you once
and because I loved you in the way that I did
I will always keep you in my heart... always

I

Tú eres una rosa en mi corazón
el sol de mi mente
la respiración de mi alma

II

Tú eres una flor que apareció en mi camino
cuando no podía recogerla, acariciarla y amarla

III

Porque encontré los ojos de tu alma
plasmados en mi corazón
es que te amo con toda mi pasión

IV

Por que te amé alguna vez
y por que te amé de la manera en que lo hice
siempre te mantendré en mi corazón... siempre

Garden of My Soul

What joy it would give me
to see you sitting
in the garden of my soul
to envelop ourselves
in white petals of light
to bathe under waterfalls
of knowledge, truth and life

In the dawn
of a new relationship
that will be born
that very day
when you come and sit
in the garden of my soul

El Jardín de mi Alma

Qué alegría me daría
verte sentado
en el jardín de mi alma
para envolvernos
en pétalos blancos de luz
para bañarnos bajo cataratas
de sabiduría, la verdad y la vida

En el amanecer
de una nueva relación
que nacerá
ese mismo día
cuando vengas y te sientes
en el jardín de mi alma

Red Rose Petals

I can only give you one rose
I lay it to rest on your chest
so that without its thorns
it can spill its petals over you

I can only give you one red rose
for the rest of the dozen, every leaf
belongs to the stars
at the disposition and capacity to love

Every rose that I give
and it's not just to anyone
represents eternal love for me

Pétalos de Rosas Rojas

Solo puedo regalarte una rosa roja
la poso sobre tu pecho
para que sin espinas
derrame sus pétalos sobre ti

Solo puedo regalarte una rosa roja
pues el resto del ramo, cada hoja
le pertenece a las estrellas
a la dispensación y capacidad de amar

Cada rosa que regalo
y no es a cualquiera
representa un amor eterno para mi

The Encounter

I would like to find you
in the smiles of ocean waves
in the jungle of my mind
at the touch of our fingertips

I wish to caress you
with my naked fingers
brushing against yours
never to depart from you

I want to kiss you
with the rim of my lips
brushing and stroking against yours
with the flame that lights up in me
from here to you
so far and yet so near

I would like to find you
in white rose petaled sheets
to give you
all that is in me
and wrap myself
in all that remains of you

El Encuentro

Cómo quisiera encontrarte
entre las sonrisas del mar
entre la jungla de mi mente
entre los dedos de mis manos

Cómo quisiera acariciarte
con mis dedos desnudos
rozando con los tuyos
y nunca apartarte

Cómo quisiera besarte
con la orilla de mis labios
rozando y quemando los tuyos
con el fuego que arde en mi
para ti desde aquí
tan lejos y tan cerca de ti

Cómo quisiera encontrarte
en sábanas de pétalos de rosas blancas
para darte
todo lo que hay en mi
y envolverme
en todo lo que queda de ti

The Offering

If your mind offered itself to my mind
I would like to support you in ordering it
in such a way so that
only your happiest
and most beautiful memories
remain

If your heart offered itself to my heart
I would like to kiss it
in such a way so that
all wounds
from any pain or suffering
would be fully erased

If your soul offered itself to my soul
I'd like to help you denude it
in such a way
that we would stand united
pure and innocent
before the maximum expression of God

La Entrega

Si tu mente se otorgara a mi mente
cómo quisiera apoyarte en ordenarla
de tal manera para que
solo quedara archivada
en ella lo más hermoso
lo más feliz que has vivido

Si tu corazón se otorgara a mi corazón
cómo quisiera besarlo
de tal manera para que
se borrase cualquier herida
que te causase sufrimiento o dolor
de cualquier tipo o fervor

Si tu alma se otorgara a mi alma
cómo quisiera ayudarte a desnudarla
de tal manera para que
junto a la mía lográramos
presentarnos puros y libres
ante la máxima expresión de Dios

I Think of Him

I think of him,
although I should not be thinking of him
I feel him deeply I really feel him
although I shouldn't be feeling him

On the one side I want to cut the reins
to no longer think about him
on the other hand I want to loosen the reins
allow myself to feel it, go with it, live it
but the fear of such a deep feeling
hovers like a cloud over my thoughts

He so distant from my way of living
and I so distant to reach and accept his

However, the thought stretches
the feeling deepens
I don't want to stand alone and naked
in the desert of life
but I also don't want to move away
from the long path
I've had towards the light

Pienso en Él

Lo pienso
aunque no lo debiera de pensar
Lo siento profundamente lo siento
aunque sé que no lo debiera de sentir

Por un lado quiero cortar las riendas
para no pensar más en él
por otro lado quiero soltar las riendas
dejarme sentir, dejarme llevar, dejarme vivir
pero el temor de un sentimiento tan profundo
abarca como una nube sobre mis pensamientos

Él muy lejos de mi manera de vivir
y yo muy lejos de alcanzar y aceptar la suya

Sin embargo, el pensamiento se alarga
el sentimiento se profundiza
más no quiero quedarme sola y desnuda
en el desierto de la vida
pero tampoco quiero apartarme
de tan largo caminar
que he tenido hacia la luz

For he invites me to remember my shadows
my darkness yet enriches my heart
with a sweet and caressed word with good intention
Souls unified by a solemn promise

I think about him
although I shouldn't think about him
I feel him deeply, I feel him
Although I should not be feeling him
yet I've decided
to allow our souls to interlace
momentarily

that I can leave him a drop of my light
that he could remind me of my shadows
that by binding our energies we will form
the white with a dot of black
the black with a dot of white
the Yin and Yang in its fullest expression

Pues él me invita a recordar mis sombras
mis tinieblas y enriquece de cierta forma mi corazón
con una palabra dulce, acariciada con su buena intención
Almas unidas por el juramento

Lo pienso
aunque no lo debiera de pensar
Lo siento profundamente lo siento
aunque no lo debiera de sentir
por lo pronto he decidido
que se entrelacen nuestras almas
temporalmente

Yo para dejarle una gota de mi luz
y él para recordarme que siempre tendré mi sombra
Juntos con nuestras energías formaremos
lo blanco con una gota de negro y
lo negro con una gota de blanco
el Yin y Yang en su perfecta expresión

Your Kisses

I feel your mouth melt into my mouth
that delicious taste of yours
Our souls flow with that water
running down our hearts
like rivers mingling in love
completely inebriated

Kisses that denude my soul
and melt my being
like a flower that faints
from the beams of the heating sun
and rejuvenates with the moisture
of the thirsty rain

Kisses, kisses that break
with the laws of death
vague laws, human laws
laws that once
kept us separated
but that today are broken
by kisses… by your kisses

Tu Boca

Siento tu boca derretirse en mi boca
aquel sabor tan delicioso tan tuyo
nuestras almas fluyen con esa agua
que corre hasta nuestros corazones
como ríos entrelazados de amor
totalmente embriagados

Besos que pelan a mi alma
y derriten a mi ser
como una flor que se desmaya
con el calor ardiente del sol
y se regenera con el agua
de la sedienta lluvia

Besos, besos que rompen con
todas las leyes de la sepultura
las leyes vagas, leyes humanas,
leyes que una vez nos
mantuvieran separados
pero que hoy se rompen
con besos… con esos besos tuyos

With no influence of the sad looks
that used to touch us
not attached to their coming or going
what they'd say - would not say
with the irrelevance
of life or death
with the irrelevance of everything
except those kisses

Kisses that defy
all laws of death

Kisses that denude my soul
and melt my being
the way a flower faints
from the beams of the heating sun
and regenerates with the moisture
of the thirsty rain

Sin importarnos las miradas tristes
que nos acogieran
sin importar el vaivén
el me dicen - me dirán
sin importar la vida
ni la muerte
sin importar nada
nada más que esos besos

Besos que rompen con
todas las leyes de la sepultura

Besos que pelan a mi alma
y derriten a mi ser
como una flor que se desmaya
con el calor ardiente del sol
y se regenera con el agua
de la sedienta lluvia

Hidden Friendship

Your words always felt
like a breath of fresh water
over my desiring body
every time our words
crossed paths throughout time

Like a lily smelling as a rose
you swirl the wind in my mind
as we deepened
into an open friendship
that took its course within the truth

A truth that tied us with an
unbreakable and sustainable lace
that pulled us closer - tying us
without understanding the why

Your mouth fell upon my mouth
at a distance in a silence
leaving our souls
imbued in pure innocence

La Amistad Escondida

Tus palabras siempre caían
como un baño de agua fresca
sobre mi anhelado cuerpo
cada vez que nuestras palabras
se cruzaban en el tiempo

Como un lirio perfumado de rosa
mareabas el aroma de mi mente
al ahondar más en
la amistad estrecha
que se cursaba con la verdad

Una verdad que nos unía como un lazo
irreventable y sostenible
que nos fue uniendo - atando
a ambos sin saber porqué

Tu boca cayó en mi boca
a la distancia en un silencio
dejando nuestras almas
albergadas en una inocencia pura

Then I heard the lace snap
an incomprehensible echo
you walked away
choosing another path

The decision you made
felt like a shower of iced water
over my longing body
leaving me breathless
standing
in an unexpected process
of awakening

De repente oí ese lazo reventarse
un eco incomprensible
me apartaste del camino
tomando otra dirección

Esa decisión que tomaste me ha caído
como un baño de agua helada
sobre mi anhelado cuerpo
dejándome sin respiro
parada
en un proceso
de un inesperado despertar

Is It You?

Your heart speaks directly to mine
yet can you hear my heart?
White rose petals appear in my mind

Is it you who will see
beyond my physical body
and open up my heart?

For only the man
who can read it
may have it
no one else
there could never be anyone else
except he who seeks
purity of heart

Is that you?
Or are you just
a momentarily desire?

Are you ready to open my heart?
Do you dare?

Eres Tú

¿Tu corazón se ha dirigido a mi corazón
puedes realmente escucharlo?
Pétalos de rosas blancas aparecen en mi mente

¿Eres tú quien verá
a través de mi cuerpo
y abrirá mi corazón?

Pues solo aquel hombre
que pueda leerlo
podrá tenerlo
nadie más
jamás podrá haber nadie más
más aquel quien busca
la pureza de corazón

¿Eres tú?
¿O eres sólo
un momentáneo deseo?

¿Estás preparado para abrirlo?
¿Podrás conllevarlo?

For him who does
I have many gifts and many treasures
beyond the fantasies of this world
beyond, far beyond

Would you dare?
Do you feel deserving of such riches?

If this is not so
please seek someone else

I will not judge you
nor condemn you
nor forsake you
but please understand
it is not you I am seeking

But if you are, please know
it is not your physicality I'm seeking
but those tender knitted thoughts
you created since the beginning of time
those God thoughts
that which is eternal
that is what I seek to find in you

Para aquel que sí se atreva
tengo muchos regalos y muchos tesoros
más allá de las fantasías de este mundo
más allá, mucho más allá

¿Te atreverías?
¿Te sientes merecedor de tales riquezas?

Si no es así
por favor busca otro amor

No te juzgaré
ni te condenaré
ni te desolaré
pero por favor comprende
no es a ti a quien busco

Pero si sí lo eres
no es tu presencia física la que busco
son esos pensamientos tiernos
tejidos en el seno de Dios
que creaste a inicios del tiempo
eso que es eterno
eso es lo que busco hallar en ti

Para mi querida Guatemala y el resto del mundo
For my dearest Guatemala and the rest the world

Que la Paz prevalezca, que la Paz prevalezca siempre
May Peace prevail, may Peace prevail always

Que la Paz Os Presee

May Peace Behold Thee

It is Much Easier

It is much easier

to accept than to deny
to flow than to resist
to act than to procrastinate

It is much easier

to communicate than to assume
to share than to isolate
to embrace than to reject

It is much easier

to smile than to frown
to laugh than to cry
to be than to pretend

It is much easier

to forgive than to resent
to free than to hold unto
to love than to hate

Qué Tan Más Fácil

Qué tan más fácil es

aceptar que negar
fluir que resistir
accionar que postergar

Qué tan más fácil es

comunicar que prejuzgar
compartir que aislarse
abrazar que rechazar

Qué tan más fácil es

sonreír que fruncir
reír que llorar
ser que aparentar

Qué tan más fácil es

perdonar que resentir
liberar que atar
amar que odiar

It is much easier to

Love… love… love…

Love ceaselessly
Love resolves it all
dissolves it all
transforms, transmutes
and elevates it all into the Light

and in that Love… in that Light…

BECOME FREE

Qué tan más fácil es

Amar... amar... amar...

Amar sin cesar
el amor todo lo resuelve
todo lo disuelve
todo lo transforma, lo trasmuta
lo eleva y lo convierte en luz

y en ese Amor... y en esa Luz...

SÉ LIBRE

Este Es Tu Verdadero Ser

Luz Divina
Amor Perfecto
Libertad Absoluta

This Is Who you Truly Are

Divine Light
Perfect Love
Absolute Freedom

Un nuevo camino

A new path

EPILOGUE

In order to heal the world you need to heal yourself first
heal your heart from past wounds, hatred, anger and pain
cleanse your soul and let go of the past
lighten your load by forgiving everything
and everyone that has crossed on your path of life
even those who have passed away unexpectedly

We must not look to a government
to bring peace to our country
we must not look to a government
to stop the war in the world
we must not look to the church or congregations
to forgive our mistakes
we must not look to a teacher or our parents
for the approval of our behaviors

We must find a way
to stop the war within our hearts
and find the peace we long for

We must look into our hearts
and find the light we cherish and await

There we will find true forgiveness
therein lies our true freedom

EPÍLOGO

Para poder sanar al mundo hay que sanarse uno mismo primero
sanar el corazón de heridas pasadas, odio, ira y dolor
limpiar el alma al soltar y dejar ir al pasado
alivianar la carga al perdonarlo todo
y a todos quiénes se han atravesado en el camino de la vida
aún a aquellos que se han ido inesperadamente

No hay que mirar al gobierno
para que haya paz en nuestro país
no hay que mirar al gobierno
para que cesen las guerras en este mundo
no hay que mirar a la iglesia o a las congregaciones
para el perdón de nuestros errores
no hay que mirar a nuestros padres o al profesor
para recibir la aprobación de nuestros comportamientos

Cada quien ha de encontrar su propio camino
resolver su guerra interior
y encontrar esa anhelada paz

Hay que ver dentro de uno mismo
y encontrar la luz que tanto se añora y espera

Ahí se encontrará el verdadero perdón
ahí reside la verdadera libertad

and in sharing this freedom
we create the "Self" we want to be
and in that light we become a chain
of healed and whole beings of light
and in that awareness

we become "us"
we become "One"
and in that Oneness...

we all rest in God
Who will lead the way

always...

y en el compartir esa libertad
creamos el "Ser" que queremos ser
y desde esa luz formaremos una cadena
de seres sanados y completos en la Luz
y en ese despertar

nos volveremos "nosotros"
nos volveremos "Uno"
y siendo todos Uno…

descansaremos en Dios
Quien nos mostrará el camino

siempre…

El Comienzo

The Beginning

Made in the USA
Columbia, SC
18 September 2020